Dieses Buch gehört

Liebe Eltern,

wir wollen Ihr Kind beim Lesenlernen unterstützen, und zwar mit Geschichten, die Spaß machen.

Unsere Bücher mit dem liebenswerten Leselöwen begleiten Ihr Kind durch die 1. Klasse. Sie enthalten eine spannende Geschichte mit einfachen Sätzen und gut lesbarer Schrift. Viele bunte Bilder sorgen für Lesepausen und helfen, die Geschichte zu verstehen. Mit den Aufgaben zum Text kann Ihr Kind selbst prüfen, ob es den Text richtig verstanden hat. Zu den markierten Wörtern warten am Ende des Buches spannende Fakten und in unserem Onlineportal finden Sie viele weitere Extras!

So wird Ihr Sohn oder Ihre Tochter zum echten Leselöwen!

Ihr

Leselöwe

Jetzt geht es

los!

Anni Möwenthal

Das beste erste Schuljahr

Illustriert von Lisa Hänsch

Ihre Meinung zählt!

Nehmen Sie jetzt an einer kurzen Elternbefragung
des Loewe Verlags teil und beeinflussen Sie
die zukünftige Entwicklung unserer Kinderbücher:

www.elternbefragung.online

ISBN 978-3-7432-0805-6
1. Auflage 2021
© 2021 Loewe Verlag GmbH, Bindlach
Umschlag- und Innenillustrationen: Lisa Hänsch
Umschlaggestaltung: Kathrin Tobian
Vignetten Leselöwe und Sticker: Angelika Stubner
Printed in the EU

www.leseloewen.de

Inhalt

Alles neu

Heute ist Pauls erster Tag
in der Schule. Alles ist neu.
„Schule ist toll", sagt Mama.

„Dann komm doch mit!",
sagt Paul.
Aber Mama findet die Stühle
zu klein für ihren Po.

„Neben Markus ist noch frei",
sagt die Lehrerin zu Paul.
Markus hat einen blauen **Ranzen**.
Und eine rote Zunge.

Die streckt er jetzt raus.

„Hier sitzt schon einer",
sagt er. „Der ist **unsichtbar**."

„Aber Markus!",
sagt die Lehrerin.
„Na, dann setz dich
neben Line."

Lines Ranzen ist sonnengelb.

Und sie hat lustige Zöpfe.

Pauls Ranzen ist grün.

„Wie eine Wiese", sagt Line.

Sie lernen das O.

Alle malen kleine Kreise.

Nur Markus nicht. Er malt

einen Fleck in Pauls Heft.

„Das war ich nicht", sagt er.

„Das war der Unsichtbare,

der neben mir sitzt."

Da nimmt Line ihre Flasche
und spritzt Markus nass.
„Das war ich nicht", sagt Line.
„Das war der Unsichtbare."

Gesichter-Brot

Einen Monat später kann Paul

„Freund" schreiben.

Wenn er Angst vor einem Wort

hat, guckt Line es böse an.

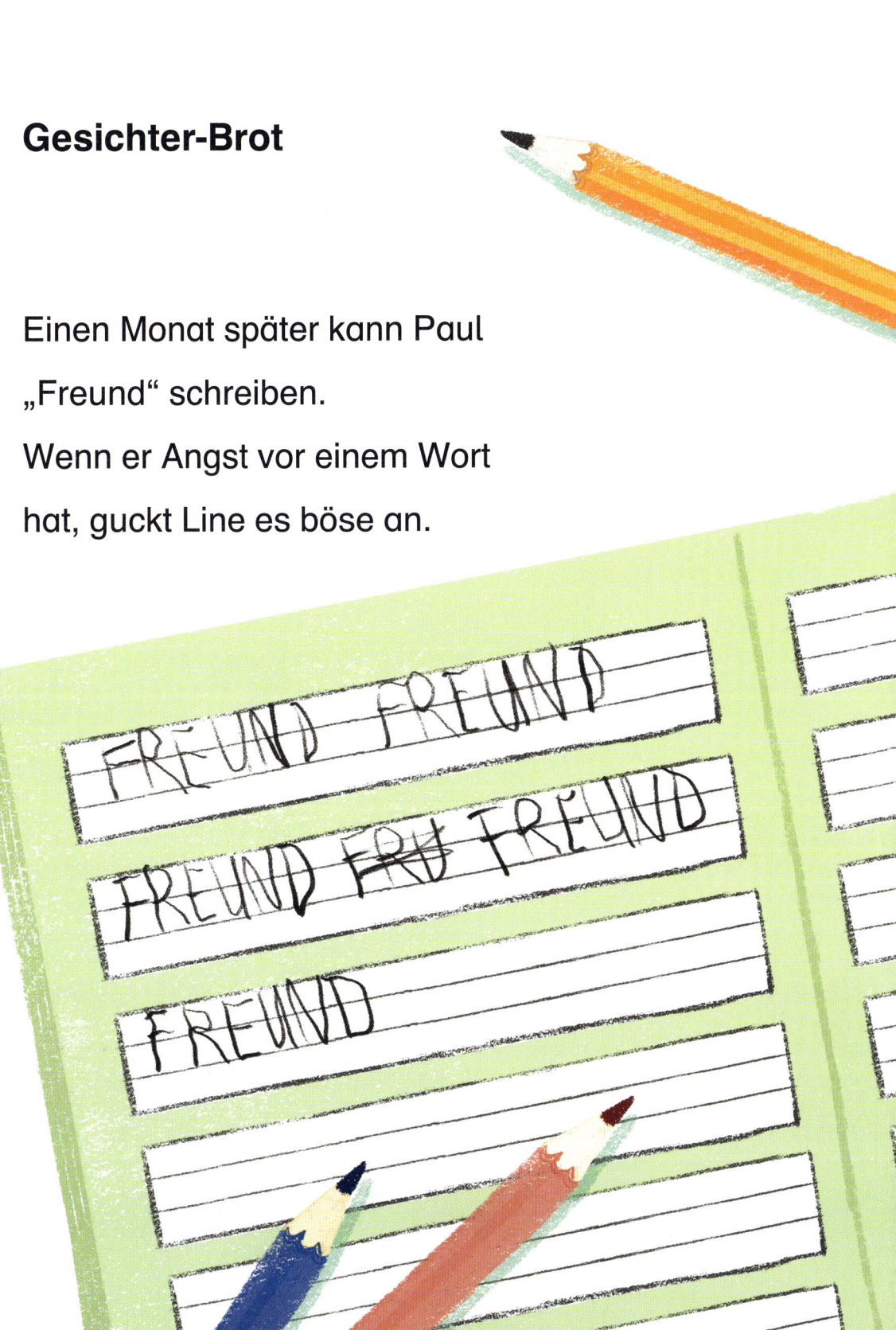

In der **Pause** sitzt Line heute
auf der Birke.
Aber das ist Paul zu hoch.

Jan, Anna und Malik
vergleichen ihre Brotdosen.
Alle sind blau mit Autos.

Pauls Dose ist grün.

Vielleicht geht grün nicht.

„Hey!", sagt Markus.

„Ich hab Chips mit. Und du?"

Er guckt in Pauls Dose.

„Iih! Was Gesundes!"

Die anderen kommen auch.

Wie peinlich!

Aber Jan sagt: „Oh! Cool!
Du hast **Gesichter-Brote**
aus Tomaten und Eiern.“
Und alle wollen probieren.

Nur Markus steht allein da.

Vielleicht haben seine Eltern

keine Zeit, Brote zu machen.

Winter-Kekse

Als der Winter kommt,

schlittern sie auf den Pfützen.

Paul kann „Eis" schreiben.

Sogar „Schneemann".

„Heute backen wir",
sagt die Lehrerin.

Paul macht ein P.
Jan macht ein J.

Iris macht ein I, Anna ein A.
Line macht eine Kugel und
haut sie mit der Faust platt.
„Das ist ein O", sagt sie.

Markus isst seinen Teig auf.

Und alle lachen.

Aber später ist ihm schlecht.

27

Zwergen-Alarm

Und dann sind **Ferien**.

Es gibt ein großes Fest.

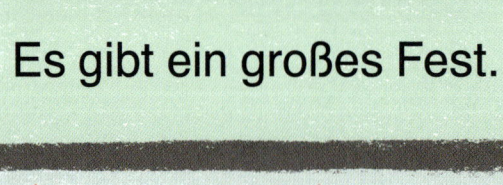

Sie haben Zwerge gebastelt.

Paul hat Line geholfen.

Sonst hätte Line aus Versehen

die Wichtel plattgemacht.

Jetzt warten die Eltern
auf den kleinen Stühlen.
Mamas Po klemmt wirklich.

Paul muss auf die Bühne.

„Hilfe!", ruft er. „Da kommen
lauter Zwerge! Was wollen die?"

„Leeesen!", grölen die Zwerge.

„Jaja, schon gut",

sagt Paul und

schlägt ein großes Buch auf.

Dann liest er ein Gedicht.

Über Buchstaben.

Ein wenig hilft die Lehrerin.

„Jetzt geht und macht schön
eure Hausaufgaben",
sagt Paul zu den Zwergen.

„Geht nicht!", ruft der Zwerg,
den Markus hält. „Ich hab
mein Heft aufgegessen!"
Alle lachen.

„Aber ich hab eine Ecke
übrig gelassen",
sagt der Zwerg zu Paul.
„Die darfst du essen."

Die Eltern klatschen.

Dann singen alle ein Lied.

Und dann ist das Fest aus.

„Was machst du in den Ferien?",
fragt Markus.

„Im See schwimmen", sagt Paul.

„Mit Line. Komm doch mit."

Und er hopst

den ganzen Weg nach Hause.

1. Welche Farben haben die Ranzen
der Kinder? Verbinde die Kinder mit
den richtigen Farben.

Antwort: Pauls Ranzen ist grün,
Lines ist gelb, Markus' ist blau.

2. Verkehrt herum! Neben wem sitzt Paul?
Kreuze an.

 limE

 aniL

☐ eniL

Antwort: Line

40

3.

Was hat Paul in seiner Brotdose? Bringe die Silben in die richtige Reihenfolge.

BRO SICH GE TE TER-

Antwort: Gesichter-Brote

4.

Wer geht in Pauls Klasse? Finde die vier Namen im Buchstabengitter.

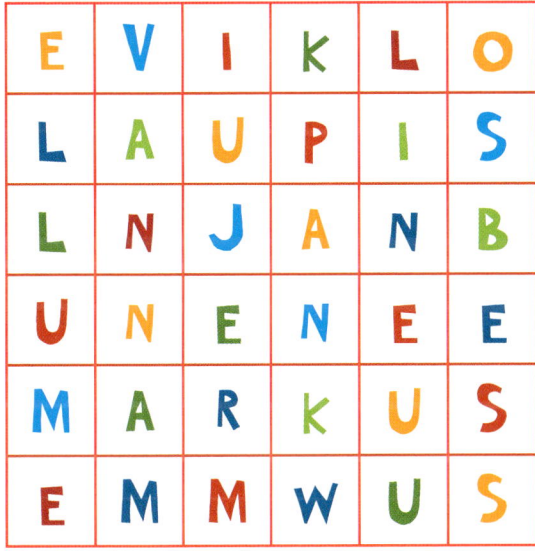

Antwort: Anna, Jan, Markus, Line

5.

Was backt Pauls Klasse im Winter? Bringe die Buchstaben in die richtige Reihenfolge.

BAUCHBENST

Antwort: Buchstaben

Ranzen (Seite 10):

Im Schulranzen transportiert man seine Schulsachen zur Schule und zurück. Aber der Ranzen heißt nicht überall so. Manche sagen auch Tornister, Büchertasche, Schulmappe, Schultasche, Schulpack oder Schulsack dazu. Wie nennt man den Ranzen bei dir zu Hause?

unsichtbar (Seite 11):

Viele Kinder haben unsichtbare Freunde. Mit ihnen können sie immer spielen. Und sie trösten sie, wenn sie traurig sind. Das klingt eigentlich ganz praktisch, oder? Hast du auch einen unsichtbaren Freund?

Pause (Seite 18):

Niemand kann den ganzen Tag nur lernen oder arbeiten. Wenn wir Pause machen, hat auch unser Gehirn Pause. Danach können wir uns wieder besser konzentrieren und werden nicht so schnell müde.

Gesichter-Brote (Seite 22):

So machst du deine eigenen Gesichter-Brote: Bestreiche dein Brot mit Butter oder belege es zum Beispiel mit Käse – was du am liebsten magst. Kleine Tomaten oder Eierscheiben sind super als Augen. Paprikastreifen oder halbe Gurkenscheiben dienen als Mund und Schnittlauch als Haare. Probier es einfach aus!

Ferien (Seite 28):

In den Ferien kann man ausschlafen, endlich mal nichts tun und den Kopf auslüften. Ausgeruht macht die Schule auch wieder viel mehr Spaß. Ferien sind also wie eine sehr lange Pause.

Blättere schnell um und trage die blauen Buchstaben in der richtigen Reihenfolge in die Kästchen ein!

43

Anni Möwenthal wurde 1991 in Kapstadt geboren. Zum Journalismusstudium kam sie nach Deutschland, ins Heimatland ihres Vaters, und begann, Geschichten für Kinder zu schreiben. Heute ist sie fast ständig auf Reisen. Sie liebt exotische Tiere, aber nur außerhalb von Zoos, und verbringt viel Zeit auf Exkursionen in den verbleibenden Wäldern unserer Erde, wo sie auch neue Ideen sammelt.

Lisa Hänsch (1988) studierte an der FH Münster Design mit Schwerpunkt Illustration. Nach ihrem Studium zog sie nach Köln, um beim Trickfilm zu arbeiten. Sie zeichnet für ihr Leben gern Bilder für Kinder- und Jugendbücher und manchmal zeichnet sie auch heimlich Leute in der U-Bahn. Mit ihrer Familie und ihrem Hund wohnt sie auf einem Hof in der Nähe von Köln. Und ihre Ferien verbringt sie am liebsten in den Bergen!

Das Leselöwen-Lösungswort

Besuche den Leselöwen auf
www.leseloewen.de und trage
die farbigen Buchstaben
von den Seiten *Schon gewusst?*
in der richtigen Reihenfolge
in die magische Box ein.

Wenn du das Lösungswort
gefunden hast, kommst du auf
die geheime Seite mit vielen
weiteren Spielen und Rätseln!

Der **Leselöwe** freut sich auf dich!

Jetzt
online!